AF595183

REGLEMENT GENERAL,

CONCERNANT LES OEVVRES de Maſſonnerie, pierre de Taille, Charpanterie, employ des materiaux pour la conſtruction des Baſtimens, & Toiſages de tous leſdits ouvrages, qui ſera obſervé doreſnavant, tant dans la Ville de Lyon, que Faux-bours d'icelle.

A LYON,

Par ANTOINE VALANÇOL, grand' ruë de Confort, à l'Enſeigne S. Hierôme.

M. DC. LXXI.

DU MARDY
TRENTIE'ME DECEMBRE, 1670. apres midy en l'Hôtel commun de la ville de Lyon, y étant

Meßire Constant de Sylvecane, Conseiller du Roy en ses Conseils, President en sa Cour des Monnoyes, Commissaire general de sa Majesté en ladite Cour au departement de Lyon & autres Provinces, Prevost des Marchands; Claude Cachet, Escuyer, Seigneur de Montezan & la Poippelurcy, Conseiller au Parlement de Dombes; Nobles Iean Carrette, Alexandre Seguin, Advocat en Parlement, cy-devant Conseiller du Roy, Esleu en l'Eslection de Lyonnois; & Laurens Anisson, Sieur d'Auteroche, Eschevins de ladite Ville, & Communauté de Lyon.

SVR ce qui a été representé au Consulat par plusieurs notables Bourgeois & Habitans de cette Ville, que les frequents desordres & contestations qui survenoient tous les jours en ladite Ville, à l'occasion des bâtimens & constructions qu'entreprennent les Massons, & Charpentiers d'icelle, & des Toisages qui s'en font en consequence, tant par les abus, malversations, mauvaise qualité des materiaux, du mortier, bois, & autres choses qui entrent dans lesdits bâtimens & constructions, & par le mauvais employ d'icelles, que par les pretentions injustes desdits Entrepreneurs pour la maniere de Toiser leur œuvre lors qu'elle est finie, & les parties excessives qu'ils adjoûtent à leurs prix-faits & Toisages, qui donnent matiere tous les iours à de nouveaux procez, meritoient il y a long-temps quelque solide remede, lequel ne pouvoit être attendu que de la prudence du Consulat, & de sa vigilance & application continuelle a êtablir vne parfaite police dans ladite Ville par des Reglemens vtiles & iudicieux, pour en bannir tout ce qui peut troubler le repos & la tranquillité de leurs Citoyens, & contribuer à la durée des reparations & bâtimens qui se font en ladite Ville : Requeroient partant qu'il pleut au Consulat pourvoir incessamment aux susdits inconveniens par vn Reglement qui servît à l'advenir de loy, & de regle sous le bon plaisir de sa Majesté, pour tous ceux qui entreprendront lesdits bâtimens & constructions, & dont l'observation & execution fut appuyée de toute l'authorité du Consulat.

LESDITS

LESDITS SIEVRS, ayant égard aufdites remonftrances & requifitions, & les ayans trouvé tres-juftes & raifonnables; Apres avoir confideré que le remede demandé pour faire ceffer les abus & inconveniants alleguez, & dont vne longue experience n'a fait que trop connoître les defordres qui en prouiennent, étoit d'vne tres-grande importance, & ne pouvoit être differé: ONT inceffamment procedé audit Reglement, concerté avec les plus integres & les plus habiles dans l'Art de Maffonnerie & Charpenterie, & en tout ce qui doit concourir à la Perfection des Bâtimens, & ont Ordonné qu'il feroit à l'advenir obfervé & executé: Et pour cét effet publié & affiché en la forme & ainfi que s'enfuit.

REGLEMENT GENERAL,

CONCERNANT LES OEVVRES de Maſſonnerie, pierre de Taille, Charpenterie, employ des materiaux pour la conſtruction dės Baſtimens, & Toiſages de tous leſdits ouvrages, qui ſera obſervé doreſnavant, tant dans la Ville de Lyon, que Faux-bours d'icelle.

PREMIEREMENT,

Pour les œuvres de Maſſonnerie.

I.

LES MATERIAVX pour la conſtruction de la Maſſonnerie ſeront Chaux, Sable, bonne Pierre-Route, Grauier, Eau de Puis, de Pluye ou de Riviere, non de celles qui coulent par les ruës qui ne ſont bien ſouvent qu'ėgouts d'ėviers, leſſive ou rebut de teintures accompagné de limon qui empeche la coagulation & endurciſſement des materiaux.

II.

Le mortier ſera bien conditionné, ſoit pour la façon & ſuffiſante quantité de la chaux & du ſable qui y entreront purs, & ſans mêlange de marrains ou de debris de vieille chaux prouenant des démolitions, & ſera le betton que l'on employera dans les fondemens, de même qualité, ſans que dans ledit betton les Maſſons puiſſent pareillement mêler aucun marrin que par l'ordre ou conſentement expres des Bourgeois pour qui ils travailleront.

III.

Les fondations des bâtimens ſur ruë ne pourront être de moindre époiſſeur que de deux pieds & demy tant à cauſe des recoupes que pour empêcher les corruptions & êbranlemens qui ſont cauſez bien ſouvent par les fardeaux de Charrois ou autres accidens.

IV.

Quand les Maîtres Maſſons auront convenu avec les Bourgeois pour la conſtruction d'vn bâtiment ſoit à Toiſe, ou en blot, comm'auſſi pour la demolition des vieux creuſages, decombremens & enlevement des terres & marrins, les fondemens êtans creuſés juſques au ferme ou gravier & êtampés, lesdits Maîtres Massons seront tenus d'auertir le Bourgeois pour les reconnoître & en prendre les mesures, lesquelles lesdits Maîtres Massons seront tenus de luy donner par écrit & signés de leur main, ou par Acte pasé pardevant Notaire.

V.

Lesdites fondations étant remplies lesdits Massons êleveront sur icelles jusques à la hauteur du couvert, & ce faisant le Maître Masson sera tenu de faire vne retraitte en talus d'vn poulce dans la muraille d'étage à autre, à commencer ladite retraite puis le premier étage sur les Boutiques, ensorte qu'à l'endroit où ladite muraille supportera le couvert, elle soit du moins de quatorze poulces d'êpoisseur.

VI.

Et pour obvier aux inconveniens qui arrivent faute de mettre la quantité necessaire de tuiles sur les couverts, ledit Masson sera tenu de les poser en sorte qu'elles se surmontent l'vne l'autre du tiers en châque bout ou extremité, & la tuile qui sera forget sur ruë, cour, ou place, sera posée à l'extremité des aix du couvert, garnie de bon mortier, & bien retenüe pour êviter que lesdites tuiles ne s'éloignent les vnes des autres, & à l'endroit du faistage seront posées de grandes tuiles garnies de bon mortier

mortier, celles desdites tuiles qui font les chanées ou êgouts seront bien appuyez des deux côtez, & en distance seulement de deux poulces d'vne chanée à l'autre au plus êtroit de la tuile, afin que celles qui seront posées au dessus puissent bien embrasser & couvrir les deux côtez desdites chanées.

VII.

Et sera tenu ledit Maître Masson, de mettre sur les planchers pour le moins la hauteur de trois poulces de marrin ou terre bien êgalisée, avec vn poulce de hauteur de bon mortier pour assurer le carrelage, afin qu'iceluy carrelage êtant fait, il puisse subsister en bon êtat.

VIII.

Toisage de la Massonnerie.

Aux fins d'obvier aux difficultez qui se rencontrent apres la construction desdits bâtimens & ouvrages de Massonnerie, les murs dans lesquels il y aura des Portes, Fenêtres, Croisées, Larmiers, Arcades & autres jours & ouvertures ayans pierre de taille, seront Toisez & mesurez comme remplis.

IX.

Tous les Arcs qui auront leurs pilliers ou jambages posez en deux divers murs, seront Toisez seulement puis le dessus du chapiteau en haut.

X.

Les Arcs que l'on fait pour ſupporter partie des marches & plat-fonds, ne ſeront Toiſez que puis le chapiteau en haut comme deſſus eſt dit, & quand au lieu d'arcade, il n'y aura que des plattes bandes pour porter leſdits plat-fonds, ladite platte bande ne ſera meſurée que pour vne marche, & ne ſera le vuide au deſſous Toiſé, & les ſuſdits plats-fonts ſeront meſurez foulée par foulée conformement aux marches.

XI.

Lors que ſur d'anciennes fondations de murs, l'on conſtruira des arcades ſur pilliers de maſſonnerie ou pierre de taille, leſdits pilliers ſeront ſeulement Toiſez juſques au chapiteau non le vuide, & depuis le chapiteau en haut, l'arcade ſera meſurée comme remplie, que s'il y a au deſſus autre conſtruction d'arcades pour jours ou portes, ſera Toiſée tant plein que vuide.

XII.

Quant aux cheminées à l'êgard de celles que l'on conſtruit à la Françoiſe autrement dites Chauffe-pances, és manteaux d'icelles, ſeront Toiſez pour maſſonnerie, tant plain que vuide, puis le carrelage juſques à la Paniere ou terraſſe de l'êtage au deſſus, & pour celle deſquelles les ſommiers ſeront ſupportez par pilliers, ou jambages & conſoles , ſeront Toiſez les côtez deſdits ſommiers puis la terraſſe, ou paniere de l'étage au deſſus, & pour le devant deſdites cheminées puis le deſſous du manteau ou bande, le vuide ne ſera Toiſé.

XIII.

Tous les murs excedans vn pied & demy, ſeront reduits à ladite êpeſſeur, & ſera fait bon le ſurplus à l'Entrepreneur par deſſus ladite reduction, & pour ceux qui ſeront moindres en êpoiſſeur, ſeront neantmoins Toiſez pour muraille courante d'vn pied & demy, ſoit de maſſonnerie ou Tuf à la reſerve des briquetages, carrelages, couverts à tuile creuſe, qui ſeront Toiſez à trois Toiſes pour deux de maſſonnerie, ladite tuile & carreaux êtant de Verdun.

XIV.

Lors que le Maſſon aura fait des galandages, & qu'il y aura du betton entre les deux rangs de liteaux & platriſſage des deux côtez blanchy & êcartelé, ſera Toiſé comme briquetage.

XV.

Tous les maſſifs des murs de quelle êpeſſeur qu'ils ſoient, ſeront reduits à vn pied & demy pour muraille courante en toute leur largeur & profondeur.

XVI.

Les voutes dites à croix d'ogives, ſeront Toisées

de l'angle & naiſſance de la maſſonnerie d'icelles à l'autre angle en ligne droite, & non par la ligne traverſante qui fait la croisée de ladite ogive.

XVII.

Tous les fenêtrages des croisées, larmiers ou autres jours étans aux murs de face, ſeront poſez en ſorte que la ſimmetrie ſoit obſervée, & pour cét effet, les pierres de taille ſeront posées perpendiculairement.

XVIII.

Toutes les ſaillies de pierre de taille deſdits fenêtrages & autres generalement pour ornement ou architecture, ne ſeront Toiſez pour maſſonnerie.

XIX.

Les Maſſons apprés les planchers faits, feront remplir de beton & mortier les eſpaces au deſſus des ſommiers entre les encluſeaux, & tout autour deſdits planchers au long des meurs, & pour ce en cas qu'ils n'en ayent convenu avec le Bourgeois leur ſera meſuré comme briquetage ou carrelage.

XX.

Lors que le Bourgeois aura convenu avec le Maſſon de la conſtruction d'vn bâtiment, ſi ledit Maſſon ne s'ét obligé de faire creuſer les fondations & terres des caves, comm'auſſi de les faire charrier à ſes dêpens, ſera Toiſé en ce cas ledit eſpace des caves & fondations, & reduit à la Toiſe cube pour

pour luy être payé ſelon l'œuvre, & le Charroy deſdites terres.

XXI.

Pierre de Taille.

Toutes les pierres de taille des Perrieres de Saint Fortunas, Saint Cire, Saint Didier, & autres qui ont divers bans, & en iceux des reſſans pourveu qu'elles ſoyent ſaines & bien conditionnées, ſeront employées & miſes en œuvre ſur le lit de perriere de châque pierre, & celles que l'on voudra employer de bout, ſeront ſans reſſans.

XXII.

Quant aux autres pierres qui ſont ſans reſſans, comme la pierre blanche de Sayſel, & autres de telle nature, elles peuvent être employées en tous ſens.

XXIII.

Toiſage de la Pierre de Taille.

Quand le Bourgeois aura convenu de prix de la pierre de taille à être meſurée au pied, elle ſera reduite au pied cube, ou quarré, ſinon qu'il y aye convention de la meſurer au pied courant, & ſans reduction.

XXIV.

Lors qu'auſdites pierres, il y aura architecture

ou ornemens, comme Trompes, Encorbellemens, Bases, Chapiteaux, Moulures, Corniches, & autres: lesdites tailles seront Toisées, & mesurées par assises, au quarré par le plus avancé de l'architecture, ou ornement, sans faire aucune consideration de la pierre qui aura été ôtée pour faire ledit travail, tant de l'architecture que ornemens, & les prinses qui seront dans les murs, seront mesurées & reduites au pied cube ou quarré, sinon que l'Ouvrier & le Bourgeois en ayent convenu autrement.

Pour les œuvres de Charpenterie.

I.

TOUS les bois qui seront employez par les Maîtres Charpentiers pour les bâtimens qu'ils entreprendront pour les Bourgeois, seront bien conditionnez, ensorte qu'il n'y aye en iceux aucune picqueure, artisons ny vermoulure, ce qui marquera que lesdits bois auront été coupez en bonne Lune, & non morts sur plante.

II.

Les Planchers qui seront faits à la Françoise, seront supportez par des sommiers ou poutres à viue arête & sans flâcheure de la hauteur & épaisseur qu'il sera convenu entre les Bourgeois & Charpentiers, ou Entrepreneurs de bâtiment, & de diſtance telle que le lieu le requerra.

III.

Les demy-ſommiers qui ſeront au long des murs auront même hauteur que les ſommiers, & l'êpaiſſeur qui ſera neceſſaire ſans être coupez en biais, & les moulures ſeront posées au long, & ſur leſdits ſommiers & demy-ſommiers, & tout au tour dudit plancher, le tout de la force & façon dont les parties conviendront.

IV.

Les ſoliveaux ſeront poſez ſur leſdits ſommiers & moulures, tant plain que vuide de leur êpaiſſeur, & de la hauteur convenable, bien encluſelez, renardez, & poutez en doublage au deſſus leſdites moulures & ſoliveaux bien croſſez, & leſdits renards, & doublage bien cloüez.

V.

Les planchers appellez batards, ſeront faits à la volonté des Bourgeois, ainſi qu'ils auront convenu, ſçavoir ceux que l'on nomme batards François, ſeront faits avec leurs ſommiers, moulures, ſoliveaux, & encluzeaux, leſdits ſoliveaux poſez en diſtance de neuf poulces, poutez au deſſus d'aix fortes, & feüillées ou littelées au choix du Bourgeois, le tout bien & deüement croſsé & cloüé comme cy-devant.

VI.

Les planchers nommez batards ſimples, ſeront faits avec ſommiers, de la force & êpoiſſeur qui ſera neceſſaire ou convenüe, & ſans moulures ny renards, ſeront ſeulement les ſoliveaux poſez diſtans de neuf poulces, comme dit eſt, & deüement encluſclez & poutez au deſſus de bonnes aix fortes, feüillées ou littelées, comme dit eſt.

VII.

Les autres planchers qui ſeront faits à gros ſoliveaux de huit à neuf poulces de hauteur, & d'êpoiſſeur proportionnée, ſeront poſez en diſtance d'vn pied, & ſeront à vive areſte poutez d'aix fortes, feüillées ou littelées.

VIII.

Les couverts ſeront faits ainſi & comme il ſera convenu entre le Bourgeois & le Charpentier, tant pour la force des bois qui ſeront employez, que pour la maniere de l'employ d'iceux, ſoit pour les couverts à la Françoiſe, ou à tuile creuſe.

IX.

Les Pannes qui ſerviront de Filieres ſur les Arbaleſtiers, ſeront posées de diſtance l'vne de l'autre d'environ ſept pieds, comm'auſſi ſeront de force convenable, ainſi que les parties en ſeront demeurées d'accord, & la où il y aura des Arbaleſtiers, l'êguille l'éguille ſera de bois de Chêne, & les arcboutans de bois Sapin.

X.

Toiſage de la Charpenterie.

Le Toiſage deſdits Couverts,ſoit Pavillons,Domes & autres à tuile creuſe ou à crochet, ſe fera & meſurera par le deſſus en ſa pente, ſans que la saillie de l'ardoiſe ou tuile & fer blanc y ſoit compriſe, & ſans que dans ledit Toiſage, le Charpentier puiſſe pretendre aucunes prinſes dans les murs pour tous les bois ſervans auſdits Couverts, ny autre Toiſage pour iceux, que celuy qui aura été fait par le deſſus deſdits Couverts, d'autant que tous leſdits bois, ne ſont que pour ſervir à ſoûtenir leſdits Couverts, & ſont entendus être compris dans ledit Toiſage.

XI..

Et lors qu'auſdits couverts, ſoit à la Françoiſe ou à tuile creuſe, il y aura des vitreaux ou luquernes, ne ſeront Toiſez les vuides d'iceux, ains ſeulement le deſſus ſervant de Couvert avec les deux côtez.

XII.

Le Toiſage des Planchers ſera fait dans toute l'êtendüe du dedans œuvre, ſans que le Charpentier puiſſe pretendre aucune choſe pour les prinſes des ſommiers dans les murs, & ſans comprendre audit Toiſage l'eſpace que les gaynes des cheminées occupent, là où il y en aura, & pour les panieres, ſeront Toiſées comme cintres.

XIII.

Lors que dans l'eſpace deſdits Planchers, il y aura d'autres ouvrages comme montées à vis ou autres occupans partie de l'eſpace deſdits Planchers, leſdits ouvrages leur ſeront payez, diſtraction faite deſdits eſpaces occupez.

XIV.

Pour les ſeparations qui ſe font d'aix ou galandages, lors que l'on y poſera des huiſſeries ou quadres à mettre portes, qui ſeront de bois Chêne feuïllez des deux côtez, en ſorte que les liteaux qui ſeront cloüés auſdites huiſſeries, & le plâtre qui ſera au deſſus n'excede l'êpoiſſeur deſdits quadres, ains qu'ils paroiſſent faiſant pilaſtre; le vuide leur ſera Toiſé comme remply, & la porte qui ſera miſe payée ſeparément ſuivant la qualité d'icelle

XV.

Pour les cintres à croix d'ogives, berceaux, platte-bandes & couvertes à claueaux & archets, ſeront Toiſez par le deſſus qui eſt le deſſous de la maſſonnerie en ce compris tous les bois d'appuis, & ſoûtiens deſdits cintres.

XVI.

Les cintres darez,doubleaux & autres faits d'afsemblages, feront Toifez depuis le deffus du chapiteau, jufques à la clef de l'arcade.

XVII.

Les cintres maffifs, feront Toifez puis le deffus du chapiteau jufques à la clef, & confideration faite de la qualité d'iceux, & de leurs appuis, leur fera Toifé, & fait bon la moitié du vuide puis le chapiteau en bas.

XVIII.

Lors de la demolition des bâtimens, le Charpentier qui aura convenu pour les étampages, fera tenu de les faire fans retardement, & de bois qui ne foit pourry, afin qu'il n'en mes-arrive, foit aux êtandarts, gorges, chevallets, pilliers, ou pillotis avec leurs folles & plateaux.

XIX.

Sera le prefent Reiglement obfervé & executé en tous fes Articles à peine de tous dêpens dommages & interefts, & de cent cinquante livres d'amande contre chacun des contrevenans.

Extraict des Regiftres des Actes Confulaires de la Ville & Communauté de Lyon.

DEMOVLCEAV.

www.ingramcontent.com/pod-product-compliance
Lightning Source LLC
LaVergne TN
LVHW011505170726
843501LV00009B/3614
9782329620053